Autos de policía

Julie Murray

Abdo
MI COMUNIDAD: VEHÍCULOS
Kids

abdopublishing.com

Published by Abdo Kids, a division of ABDO, PO Box 398166, Minneapolis, Minnesota 55439.
Copyright © 2017 by Abdo Consulting Group, Inc. International copyrights reserved in all countries.
No part of this book may be reproduced in any form without written permission from the publisher.

Printed in the United States of America, North Mankato, Minnesota.

102016

012017

THIS BOOK CONTAINS
RECYCLED MATERIALS

Spanish Translator: Maria Puchol

Photo Credits: iStock, Shutterstock

Production Contributors: Teddy Borth, Jennie Forsberg, Grace Hansen

Design Contributors: Candice Keimig, Dorothy Toth

Publisher's Cataloging-in-Publication Data

Names: Murray, Julie, author.

Title: Autos de policía / by Julie Murray.

Other titles: Police cars. Spanish

Description: Minneapolis, MN : Abdo Kids, 2017. | Series: Mi comunidad:
    vehículos | Includes bibliographical references and index.

Identifiers: LCCN 2016947560 | ISBN 9781624026478 (lib. bdg.) |
    ISBN 9781624028717 (ebook)

Subjects: LCSH: Police vehicles--Juvenile literature. | Spanish language
    materials--Juvenile literature.

Classification: DDC 629.222--dc23

LC record available at http://lccn.loc.gov/2016947560

Contenido

Auto de policía

¡Iiiiuuh, iiiiuuh! ¡Iiiiuuh, iiiiuuh!

Cam oye el auto de policía.

4

La policía ayuda y mantiene a salvo a la gente.

Algunos autos de policía
son azules y blancos.
Pueden ir rápido.

Tienen sirenas que suenan fuerte. Las luces parpadean.

Los autos tienen **radios de dos vías**. Así se comunican los agentes de policía.

También tienen cámaras de video y computadoras.

Los autos de policía tienen barras entre los asientos para proteger a los policías.

Algunos autos de policía son **unidades caninas**. Tienen perros policía que los ayudan.

9

19

¿Has visto alguna vez un auto de policía?

Partes de un auto de policía

barras

luces

computadora

radio de dos vías

Glosario

radio de dos vías
radio que sirve para mandar y
recibir información por voz.

unidad canina
perros y sus entrenadores cuyo
trabajo es rastrear criminales y
detectar sustancias.

Índice

abdokids.com

¡Usa este código para entrar en abdokids.com y tener acceso a juegos, arte, videos y mucho más!

Código Abdo Kids:
MPK1323

24